MÉMOIRE

HISTORIQUE

SUR LA

BATAILLE DE FORMIGNY,

Par Ch. Ed. LAMBERT,

ASSOCIÉ CORRESPONDANT DE LA SOCIÉTÉ DES SCIENCES ET BELLES-LETTRES
DE LA VILLE DE CAEN ET DE LA SOCIÉTÉ LINNÉENNE DU CALVADOS.

Normannia liberata.

CAEN,

CHEZ CHALOPIN FILS, IMPRIMEUR DE L'ACADÉMIE
ET DE LA SOCIÉTÉ LINNÉENNE.

1824.

A MONSIEUR

A. M. GENAS-DUHOMME,

CHEVALIER DE L'ORDRE ROYAL DE LA LÉGION D'HONNEUR, SOUS-PRÉFET DE L'ARRONDISSEMENT DE BAYEUX.

Monsieur le Sous-Préfet,

C'est sous vos auspices que j'ai conçu le projet de recueillir les élémens propres à éclairer une partie intéressante de l'histoire de notre pays ; c'était surtout à vous qu'il appartenait d'apprécier le degré d'intérêt que pouvait inspirer un opuscule tel que celui-ci. Vous y avez d'autant plus de droits, que c'est à vos soins que l'on doit la restauration du tableau destiné à retracer la valeur de nos anciens guerriers dans les champs de Formigny. Vous avez ainsi offert à nos yeux l'image d'une bataille déjà éloignée de nous de plus de trois siècles et demi, et dont les résultats furent si avantageux pour la cause de la Nation Française.

Je vous présente donc aujourd'hui le résultat de mes recherches sur la bataille de Formigny, en vous priant de le recevoir comme un témoignage du profond respect, avec lequel j'ai l'honneur d'être,

Monsieur le Sous-Préfet,

Votre très-humble et très-obéissant Serviteur,

Ed. Lambert.

MÉMOIRE

SUR LA

BATAILLE DE FORMIGNY.

INTRODUCTION.

Rien n'est indifférent, quand il s'agit de connaître des événemens arrivés sur le sol que nous habitons ; un attrait irrésistible nous y ramène sans cesse. Laissons à de vastes génies le soin de réformer le monde, de calculer les révolutions des astres, et de méditer de brillantes théories : pour nous, renfermant nos désirs dans des bornes beaucoup plus étroites, nous essayerons seulement de porter nos regards vers une époque mémorable de la vie de Charles VII.

La partie occidentale du département du Calvados fut autrefois le théâtre d'une bataille devenue importante par ses conséquences sur le sort de la Normandie. Les historiens modernes ont, sans doute, décrit la bataille de Formigny ; mais non avec ces détails et ces circonstances de localité qui ont droit de nous intéresser si vivement. Malgré notre inexpérience, nous ferons nos efforts pour remplir ce vide, en présentant un mémoire historique sur cette bataille.

Henri V, roi d'Angleterre, profitant des troubles et de l'état de désordre où était la France sous le règne du faible Charles VI, débarqua à Touques, avec une armée de 25 à 30 mille hommes, le 12 août 1417, et s'empara en très-peu de temps de toute la Normandie. Charles VII, fils de l'infortuné monarque, fut assez heureux pour mettre fin aux malheurs qui désolaient la France depuis cette époque. Déjà maître de la haute Normandie, il laissa à ses généraux le soin de s'emparer et de soumettre à son obéissance les autres places de cette Province. La défaite des Anglais à la journée de Formigny fut enfin le terme de cette heureuse révolution.

La matière dont nous allons nous occuper se divise naturellement en trois parties : dans la première, nous décrirons la bataille; dans la seconde, nous ferons l'historique de la chapelle commémorative élevée sur le champ ; la troisième sera consacrée à la description d'un tableau ancien qui est conservé dans la ville de Bayeux.

PREMIÈRE PARTIE.

BATAILLE DE FORMIGNY.

Il y avait 33 ans que les Anglais possédaient la Normandie, lorsqu'ils en furent entièrement expulsés en l'année 1450, époque mémorable dans les annales de notre Province. Formigny fut le lieu que la providence avait choisi pour nous affranchir à jamais de leur domination : c'est ce que nous allons établir, en nous appuyant de l'autorité des historiens du temps, et en nous aidant de quelques renseignemens particuliers.

Formigny est une commune de l'arrondissement de Bayeux, dont elle est éloignée de quatre lieues, sur la grande route de cette ville à Isigny (route royale de Paris à Cherbourg), du canton de Trévières dont elle n'est qu'à une petite lieue, et à une lieue et demie de la mer. Sa population est d'environ cinq cents habitans.

Son église, qui est ancienne, et construite en partie

dans le style Roman (1), est le chef-lieu d'une succursale à laquelle sont réunies deux communes voisines. Elle est sous l'invocation de St.-Martin dont on voit la figure au-dessus du portail, dans un relief de pierre de Caen, où il est représenté à cheval, donnant la moitié de son manteau à un pauvre. Au-dessous, proche d'un écusson, on remarque la date de 1604.

Pendant le carême de l'année 1449 (2), trois mille Anglais, sous la conduite de *Messire Thomas Kyriel, chevalier de grand renom* (3), descendirent à Cherbourg et marchèrent aussitôt vers Valognes, qu'ils assiégèrent. Un gentilhomme de Poitou, nommé *Abel Roüault* (4), qui en était gouverneur à la place de son frère *Joachim*,

---

(1) C'est le nom que M. de Gerville de Valognes, savant distingué, a donné à l'architecture qui depuis l'établissement de la monarchie jusqu'au XIIe. siècle fut un mélange du goût Romain et de celui de nos aïeux.

(2) L'année commençait alors à Pâques. Ce fut Charles IX qui, par son ordonnance de 1564, rendue au château de Roussillon en Dauphiné, ordonna que l'année commencerait dans la suite au 1er. Janvier.

(3) Jean Chartier, Hist. de Charles VII, page 194. Édition de Denys Godefroy.

(4) *Les Grandes Chronicques de Brétaigne*, imprimées à Paris en 1509, par Jehan Delaroche, in-4°. gothique, le nomment *René Rouaud*. Cet ouvrage existe dans la bibliothèque de M. Pluquet, de Bayeux, qui s'est fait un plaisir de nous le communiquer.

se défendit vaillamment, mais n'étant pas secouru, fut obligé de rendre la place, après un siège de trois semaines.

Après cette expédition, Kyriel, dont l'armée était grossie des secours que les autres généraux Anglais lui avaient amenés des villes voisines, se disposa à tenir la campagne, afin de rejoindre le duc de Sommerset, qui pour lors était dans le château de Caen. Robert Ver lui conduisit six cents hommes de Caen, Mathago (dont le véritable nom paraît être Mathieu God (1) ou Goth) lui en conduisit huit cents de Bayeux, et Henry de Norbery quatre cents de Vire. Ces forces réunies formèrent une armée de près de sept mille combattans, qui se mit en marche le 12 avril 1450, après pâques, afin de passer le grand Vey.

Sur ces entrefaites, Jean, duc de Bourbon, comte de Clermont, très-jeune encore, et que le roi Charles VII avait nommé son lieutenant-général, était alors à Carentan et dans les environs avec quelques troupes (2). Il brûlait du désir de rencontrer les Anglais et de les attaquer, quoique

---

(1) Mathieu God fut pourvu de la place de gouverneur de la ville et chastel de Bayeux, en 1446.
(2) Math. de Coucy, page 597. Édit. de Denys Godefroy.

son armée fût très-peu nombreuse. Il détache en conséquence Geoffroy de Couvran et Joachim Roüault (1), pour éclairer le terrain et savoir de quel côté les Anglais se dirigeaient : ceux-là les ayant atteints, comme ils se disposaient à passer les Veys, en informèrent le comte de Clermont, qui envoya aussitôt un héraut à St.-Lo au comte de Richemont, connétable de France (2), pour lui faire connaître que les Anglais allaient passer les Veys, et marcher vers Bayeux, et qu'il le priait de venir à son secours, en se portant sur Trévières.

Pierre de Louvain fut chargé par le comte de Clermont de défendre, avec une centaine de lanciers et les archers, le passage du Vey (3). Une partie des archers et des hommes d'armes ayant mis pied à terre, ils s'avancèrent très-avant dans l'eau, et les Anglais en ayant fait autant, il y eut un combat qui dura *grand espace de temps*. Les Français furent enfin forcés de se retirer, et de r joindre le gros de l'armée qui était demeuré sur

(1) Jean Chartier.
(2) Artus III, comte de Richemont, seigneur de Partenay, connétable de France, qui devint ensuite duc de Brétagne, comte de Montfort, etc.
(3) Math. de Coucy.

le bord de la rivière. Ce fut alors que les Anglais, ayant fait monter partie de leurs archers de pied derrière ceux de cheval, parvinrent à franchir le passage.

Sans attendre le secours du connétable de France, le comte de Clermont poursuivit les Anglais en toute diligence. Il fit éclairer sa marche par vingt lanciers qu'il envoya en avant, sous le commandement d'Odet d'Aidie et Ricarville, qui parvinrent à les atteindre au village de Formigny. Les Anglais traversaient alors ce village et étaient occupés à *changer de logis à autre* (1). Lorsqu'ils eurent reconnu que c'était les coureurs de leurs adversaires, ils se réunirent et se mirent en bataille; car ils ne croyaient pas que les Français eussent intention de les combattre. Le fameux Prégent de Coëtivi (2), amiral de France, com-

(1) Math. de Coucy.

(2) Prégent, seigneur de Coëtivi et de Retz, célèbre capitaine du XVe. siècle, fut fait amiral de France, en 1430, et fut tué d'un coup de canon, au siége de Cherbourg, en 1450.

Dans un manuscrit du XVe. siècle, que nous possédons, de format petit in-f°., écrit sur très-beau vélin, composé de 105 feuillets, renfermant cent une chansons inédites, la plupart sur la Normandie, dont la première strophe de chacune est notée et entourée d'arabesques, de tournures et autres ornemens peints

mandait l'avant-garde du comte de Clermont. Les Anglais, pressés par cette circonstance, envoyèrent promptement vers le capitaine Mathieu God qui les avait quittés le jour même, pour aller à Bayeux, et qui revint aussitôt. Ayant examiné la marche des Français, ils ne doutèrent plus qu'ils ne fussent poursuivis par eux, et ils se préparèrent en conséquence à se défendre avec vigueur. Voici la manière dont ils disposèrent leur ordre de bataille : Robert Ver et Mathieu God eurent le commande-

---

en or, en argent, et ornés des plus riches couleurs : on remarque la chanson suivante, où l'on fait l'éloge de ce guerrier :

Le Roy angloys se faisoit appeller
Le Roy de france par s'appellation ;
Là voullu hors du païs mener
Les bons françoys hors de leur nation.
Or est-il mort à Sainct Fiacre en Brye.
Du pays de France ilz sont tous deboutez :
Il n'est plus mot de ces engloys couez
Mauldicte soit trestoute la lignye !

Ils ont chargé l'artellerie sur mer,
Force biscuit et chascun ung bidon
Et par la mer jusqu'en Bisquaye aller
Pour couronner leur petit Roy godon.
Maiz leur effort n'est rien que moquerie :
Cappitaine Prégent, les a si bien frotez
Qu'ilz ont esté esters et en mer enfondrez
Que mauldicte en soit trestoute la lignye !

ment de la cavalerie, qui était de huit cents à mille combattans ; elle fut placée du côté du ruisseau vers le pont. Thomas Kyriel et le reste de son armée descendirent à pied, se rangèrent en bataille, en laissant à dos le village éloigné d'environ un trait d'arc, appuyés par le ruisseau et des jardins remplis de pommiers et d'autres arbres. *Là furent Francoys et Angloys les uns devant les autres par l'espace de trois heures tousjours en escarmouchant, et pendant ce les Angloys feirent grands troux et fossez en terre avec dagues et espées devant eulx, afin que ceulx qui les assaudroient peussent tomber eulx et leurs chevaulx sur lesdictes dagues et espées* (1).

Le comte de Clermont fit alors faire un mouvement à sa troupe, et se plaça devant eux à la distance de trois traits d'arbalêtes environ ; là, quinze cents archers, sous la conduite du sire de Mauny mirent pied à terre et les hommes d'armes demeurèrent à cheval dans la direction du ruisseau (2).

Les Français avaient établi deux couleuvrines

---

(1) Monstrelet, tom. 3, pag. 26, édit. de 1595.
(2) Math. de Coucy et Jean Chartier.

en avant de leur position (1), environ soixante lanciers et deux cents archers étaient chargés de les protéger et de tenir les Anglais en échec, jusqu'à l'arrivée du connétable ; mais Mathieu God, qui éprouvait un dommage considérable par l'effet de ces pièces d'artillerie, envoya six cents archers pour s'en emparer, ce qu'ils firent malgré le feu de ces pièces. Les Français furent vivement repoussés et forcés de se retirer en désordre jusqu'à la position qu'occupait le comte de Clermont.

Dans ce moment, on aperçut le connétable de France (2) qui descendait d'une hauteur au-dessus d'un moulin à vent du côté de Trévières : il avait avec lui deux cent à deux cent vingt lanciers, dont les principaux étaient Jacques de Luxembourg, le comte de Laval, Lohéac maréchal de France, d'Orval, le maréchal de Brétagne, Ste. Sévère, Boussac et plusieurs autres chevaliers et écuyers et huit cents archers. Le connétable, voyant le désordre des Français, se hâta d'envoyer une partie de son avant-garde *avec ceux*

---

(1) Monstrelet et Alain Chartier, pag. 197, éd. de 1617, in-4°. *Les grandes Chronicques de Brétaigne disent quelques faulcons et grosses couleuvrines.*

(2) Jean Chartier et Math. de Coucy.

qui gouvernoient ses archers, (1) Gilles de St. Simon, Jean et Philippe de Malestroit frères, Jean Budes, Hector Meriadeuc, Guillaume Gruel, Anceau Gaudin, et *le Bastard de la Trimouille vaillant chevalier en armes* (2), qui marchèrent vers le pont de Formigny, occupé par l'aile gauche de l'armée Anglaise. Le pont fut enlevé, et les Anglais perdirent environ cent vingt hommes (3).

Mathieu God et Robert Ver, effrayés de cette attaque, abandonnèrent le terrain avec environ mille de leurs gens, et s'enfuirent à Bayeux et à Caen. Kyriel prit alors le parti de se retirer avec sa troupe près du ruisseau et dans le village.

Le connétable avec le reste de ses gens passa le ruisseau, pour joindre le comte de Clermont, et là, toutes les forces Françaises étant réunies, le connétable de France dit à Prégent de Coëtivi : *allons vous et moi voir leurs contenances* (4), et lorsqu'ils furent entre les deux armées, il lui demanda : *que vous semble M. l'admiral, comment nous les devons prendre ou par*

(1) Guill. Gruel, hist. du duc de Bretagne, Artus III.
(2) Jean Chartier et les grandes Chroniques de Bretaigne.
(3) Guill. Gruel.
(4) Idem.

les bouts, ou par le milieu ? L'amiral lui répondit qu'il pensait qu'ils resteraient dans leurs retranchemens ; le connétable lui dit : *je voue à Dieu ils n'y demeureront pas, avec la grâce de Dieu.* Le grand sénéchal de Normandie vint dans ce moment demander la permission de faire descendre son enseigne (sa troupe) vers une redoute qu'occupait l'aile droite de l'armée Anglaise (1). Le connétable, y ayant réfléchi, la lui accorda. Aussitôt les gens du sénéchal enlèvent la redoute et chargent les Anglais avec une telle vigueur qu'ils détruisent totalement cette aile. Dans le même instant, les troupes du connétable et celles du comte de Clermont s'avancent près du village, passent le ruisseau sur le grand chemin, font reculer les Anglais de leur position, et les assaillent vigoureusement de toutes parts. Les Anglais soutiennent vaillamment le choc ; mais, enfoncés et rompus sur plusieurs points, il sont enfin forcés de céder à la fortune des vainqueurs. Trois mille sept cent soixante et quatorze Anglais restent sur le champ de bataille ; douze à quatorze cents sont faits prisonniers, dont quarante-trois capitaines et gentilshommes, *tous portant cottes*

---

(1) Guill. Gruel. Monstrelet et Jean Chartier.

d'armes, parmi lesquels on remarquait le général Thomas Kyriel, Henry de Norbery, Jannequin Basquier, Thomas Druic, Kirkeby, Christophe Anberçon, Jean Arpel, Aléngour, Pasquir Godebert, Calleville, Laurent Ramefort, Jean Haise, etc. (1).

Les troupes Françaises réunies n'allaient cependant pas au-delà de trois mille hommes, tandis que celles de leurs ennemis étaient de six à sept mille.

Les historiens du temps assurent que de notre côté la perte ne fut que de cinq ou six hommes, cela n'est guères croyable ; mais Mathieu de Coucy, qui donne plus de détails que les autres, dit : *cinq ou six hommes d'armes environ, entre lesquels il n'y avait aucuns gens de nom.* Les chroniques de Brétagne en comptent huit ou dix, tant Brétons que Français.

Après le combat, *environ le soleil couchant*, (2) le connétable et le comte de Clermont donnèrent de l'argent, et désignèrent des hérauts et des prêtres pour faire enterrer les morts, qui furent mis, le lendemain, en quatorze grandes fosses.

(1) Matth. de Coucy et Monstrelet.
(2) Matth. de Coucy.

Le comte de Clermont demeura à Formigny, et le connétable logea à Trévières : celui-ci voulut bien y consentir, parce que c'était la première affaire que le comte avait eue à la guerre, *attendu sa jeunesse et son bas âge* (1).

Ainsi se termina la bataille de Formigny, livrée un mercredi 15 avril 1450, mémorable victoire qui délivra entièrement notre Province des longs malheurs qui depuis trente-trois ans pesaient sur elle. Honneur soit rendu aux mânes des braves qui surent nous affranchir de la domination d'une nation rivale ! C'est à eux que nous devons le calme dont nous avons joui depuis cette époque. Et vous paisibles champs de Formigny, vous ne serez plus désormais le théâtre sanglant où l'étranger venait disputer la possession de notre belle patrie ! Bons habitans, vous conservez encore le souvenir de cette terrible catastrophe, et quand vous l'oublieriez le soc de votre charrue, en cultivant vos compagnes, vous présenterait assez souvent des objets capables de vous la rappeller. Des casques, des débris d'armures, des jaques de mailles, des épées, sont les témoins qui attestent notre gloire passée.

(1) Math. de Coucy.

Parmi les Français qui se distinguèrent dans cette affaire, on remarque le connétable, le comte de Clermont, l'amiral de Retz, le maréchal de Lohéac, le grand sénéchal de Normandie, les comtes de Castres, de Laval et de St.-Paul, Geoffroy de Couvran, Joachim Roüault, le sénéchal de Bourbonnois, les fils du comte de Boulogne et de Villars, les seigneurs de Mauny, de Magny, de Montgascon, de Chalançon, de Ste.-Sévère et de Gamaches, Olivier de Broon, Jean de Rosvignan, Godeffroy de la Tour et Olivier de Cottini.

Le comte de Clermont et plusieurs autres jeunes-gens furent faits chevaliers après la bataille.

Les généraux partirent le lendemain avec leurs troupes et s'en allèrent coucher à St.-Lo, où ils séjournèrent trois jours entiers, pour se reposer, rafraîchir leurs chevaux et panser les blessés (1).

La victoire de Formigny inspira une joie si universelle que l'on ordonna des processions dans toutes les villes (2). A Paris il s'en fit une composée de quatorze mille enfans au-dessous de l'âge

(1) Math. de Coucy et Guill. Gruel.
(2) Chroniq. de Jean Chartier.

de quatorze ans. On vit parmi eux *les enfans des mendians des quatre ordres de Paris*, ce qui semblerait prouver, dit Vallaret, qu'alors ces religieux choisissaient leurs prosélites dès l'âge le plus tendre (1).

Les fruits de cette victoire furent la prise de Vire, qui se rendit par composition ; la reddition de Bayeux, après un siège de trois semaines ; la soumission de la forteresse de Tombelaine, près du mont St.-Michel. On réduisit ensuite Bricquebec, Valognes et St.-Sauveur-le-Vicomte. Le duc de Sommerset, qui commandait dans la ville de Caen, où étaient les plus braves capitaines de sa nation, avec une garnison de quatre mille hommes, fut forcé de capituler. Il fut convenu que, s'il n'était pas secouru avant le 1er. juillet, la garnison sortirait avec armes et bagages, ce qui fut exécuté : le jour marqué, Charles VII en prit possession en personne. Enfin, les villes de Falaise et de Domfront ayant été prises, il ne resta plus aux Anglais que la seule ville de Cherbourg qui fut investie par le connétable de Richemont, auquel la place fut remise par capitulation du 12 août 1450, jour mémorable dans nos annales, par l'entière expul-

(1) Hist. de France, tom. XV.

sion des Anglais de tout le territoire Normand.

On ne sera, sans doute, pas fâché de trouver ici une description en vers de la bataille de Formigny, faite au 15ᵉ. siècle, par Marcial de Paris, dit d'Auvergne : c'est un morceau curieux, extrait d'un ouvrage très-rare aujourd'hui, imprimé en lettres gothiques et intitulé : *les vigilles du roy Charles, ou est contenu comment il conquist France sur les Angloys la duchié de Normandie et la duchié de Guienne et des nobles conquestes et vaillances qui furent faites* (1). Voici le passage qui est relatif à la bataille.

LA BATAILLE DE FORMIGNY.

Si tirerent Caen avant
Et se tirerent tous en bataille
Audessus du moulin à vent
En ordre chascun en sa taille.
Mais quant lesditz Anglois les virent
Ils eurent paoure de leur banière
Et de leur champ se retrairent
Pour mettre à leur dos la rivière.

(1) Cet ouvrage nous a été communiqué par M. Pluquet, notre ami, qui possède une belle collection de livres rares et curieux sur la Normandie.

Et a donc ledit Connestable
Et ses batailles se passerent
La riviere à ung gué endable
Et tant que les Angloys trouvèrent.

 Si baraillèrent vaillamment
Main à main tant qu'il est possible
François et Angloys tellement
Que l'assault fut dur et terrible.

 Angloys vaillamment si portèrent
Car du premier commencement
Deux couleuvrines si gaignerent
Sur les François bien vaillamment.

 Et alors Brezé sénéchal
Et ses gens misrent pié à terre
Et d'ung couraige especial
Vint frapper sur eulx de grant erre.

 Le cry fut si grand et vaillances
Et si très-bien là se porta
Que les Angloys de quatre lances
Fist reculler et rebouta.

 Si recouvra ses couleuvrines
Et y eust en cette rencontre
Deux cens Angloys par nombre et signes
Mors sur la place lec encontre.

Brezé y acquist grant honneur.
Et tous ceulx de sa compaignie
Car les Anglois avoient vigueur
Et leur eussent fait villenie.

Brief les François si bien ouvrerent
Qu'ilz eurent ce jour la victoire
Et la bataille en champ gaignerent
Dont à tousjours sera mémoire.

Quatre mille Angloys et six cens
Sur la place mors demourerent
Par le rapport des bonnes gens
Et ceulx qui les enterrerent.

Là fut prins Henry Norbery
Basquier et autres de leurs gens
Estimez par le commun cry
Au nombre de quatorze cens.

Et quant de leur chief Matago
Robert Vere et autres tieux
Ilz jouyrent de detergo
Et s'en fouyrent à Bayeulx.

Cette journée fut fort louable
Pour le pays et Roy de France
Et y acquist le Connestable
Honneur, renommée et vaillance.

Pareillement Brezé Clermont
Et les gens de leur estandart
Y obtindrent louengemont
Et chascun d'eulx en leur regart.

Saincte Severe Mongascon
Si porterent moult vaillamment
Et le sire de Chalençon
Avecques autres largement.

Là furent faitz en la desmarche
Chevaliers ledit de Clermont
Le filz du comte de la Marche
Vauvert et d'autres seigneurs mont.

A cette journée si porterent
Tous les François bien grandement
Et de leurs gens ne demourerent
Que six ou sept mors seullement

Il ne fault point autrement dire
Que ce ne fust grace de Dieu
De povoir ung tel cas conduire
Comme il advint et veu le lieu.

Les victoires de Dieu se donnent
A qui il plaist : et fait merveilles
Selon ce que le cas se advient
Et que l'en a justes querelles.

Se Dieu la bataille ne garde
Et veille dessus la cité
En vain travaille qui la garde
Car sans luy n'est riens expleté.

NORMANNIA LIBERATA.

SECONDE PARTIE.

CHAPELLE St.-LOUIS DE BOURBON,

SITUÉE AU VAL DE FORMIGNY.

L'EXISTENCE morale de l'homme n'est pour ainsi dire que dans ses souvenirs, sa pensé s'agrandit par l'impression que fait naître chez lui la vue subite d'un objet propre à exciter son enthousiasme ; c'est-là l'effet magique des monumens, qui nous portent comme par enchantement à entreprendre des choses difficiles. Faisons donc nos efforts pour conserver à la postérité le modeste monument que fit élever *Jean de Bourbon* (1),

---

(1) Jean II, dit le Bon, fils aîné de Charles Ier., né l'an 1426, lui succéda en 1456, dans les duchés de Bourbon et d'Auvergne, dans les comtés de Forès et de Clermont, dans les seigneuries de Beaujolois, des Dombes, etc., et dans la dignité de grand chambrier de France. Il mourut à Moulins, sans laisser de postérité légitime, le 1er. avril 1488, âgé de 62 ans, et fut enterré au prieuré de Souvigni.

en mémoire de la victoire signalée qu'il remporta sur les Anglais.

Depuis long-temps, ce prince avait fait vœu de fonder une chapelle, au lieu même qui avait été témoin de ses premières armes; mais il ne put mettre son projet à exécution que trente-cinq ans après la bataille.

Par contrat du 14 janvier 1486, il acheta de Robert de Manneville, écuyer, sieur de la Bigne, de Geffosses et de Vouilly, et de demoiselle Catherine Portefais son épouse, une rente de 100 l. tournois, moyennant 2,000 l. Le 26 mars suivant, les vendeurs cédèrent, pour remplacer 80 l. seulement, *le fief terre, seigneurie, justice et juridiction de coulombières et autres héritages rentes et revenus assis en la paroisse de la Cambe.* Ils s'obligèrent en outre à continuer les 20 l. qui restaient.

Au moyen de ces acquisitions, le comte de Clermont se trouvait en état d'assurer le sort des ecclésiastiques destinés à desservir la chapelle. Il ne restait plus qu'à obtenir le consentement des différentes parties qui pouvaient s'opposer à l'établissement. En conséquence, le 1er. mars 1486, les moines de l'abbaye de Cérisy, comme présentateurs à la cure de Formigny, et le curé du lieu, donnèrent leur consentement. Dès le 10 janvier de la même année, le chapitre de l'Eglise cathédrale de Bayeux, comme patron d'Aignerville, et le curé de cette paroisse, sur les confins de laquelle devait être placé l'établissement, y avaient consenti. Henry de Bretteville, seigneur de Bretteville et du fief Bacon en la paroisse de Formigny, déclara par un acte du 6 Mars 1486, qu'il ne s'opposerait point à l'érection de la chapelle.

Les choses ainsi établies, le comte de Clermont acheta de Nicolas Hardy une pièce de terre en herbages, *assise auprès du pont du vast de Formigny*, pour y faire bâtir la chapelle.

Par un acte public du mois d'avril 1486 avant pâques, il déclara fonder une chapelle, en l'honneur *de Monsieur St-Loys, chef et protecteur de la couronne de France*, en reconnaissance de la victoire éclatante, qu'il avait remportée sur les Anglais. La chapelle fut construite sur le bord du ruisseau devenu célèbre par la défaite de nos ennemis. Deux chapelains devaient y célébrer, pour les morts en cette bataille, une messe chaque jour, chacun leur semaine.

Charles VIII, par ses lettres patentes du mois d'avril 1487, confirma cette fondation, faite pour conserver à jamais le souvenir de notre triomphe ;

mais qui peut se vanter d'élever des monumens à l'abri des vicissitudes. La révolution, qui a détruit tant de monumens des arts et nous a laissé tant de regrets sur la perte d'une foule d'antiquités et d'objets qui se rattachaient à l'histoire de notre patrie, a changé la destination de cette chapelle en une grange. Vendue, vers 1795, par le gouvernement, elle fut achetée par un propriétaire de la commune, qui l'a appropriée à son usage, sans cependant lui faire subir aucune mutilation ; ce ce qui donne l'espoir qu'un jour elle pourrait être rétablie, si (comme nous n'en doutons point) le gouvernement du roi vient à sanctioner le vœu émis par M. le préfet et le conseil général du département du Calvados, dans sa session de 1820, pour l'achat et la conservation de cette chapelle triomphale.

Dans une présentation de l'année 1672, signée Louis de Bourbon (le grand Condé), elle est nommée chapelle royale, fondée sous le titre de St.-Louis de Bourbon.

Le bâtiment de la chapelle est très-simple : la grande porte, aujourd'hui bouchée, était placée du côté du ruisseau, et au-dessus se trouve une grande fenêtre à ogive, divisée par un meneau fourchu qui forme deux autres ogives surmontées d'un quatre-feuille à jour. Au midi, une petite porte à sommet arrondi donne accès sur la grande route. Le chœur était autrefois éclairé par une fenêtre pointue, située au levant, et deux autres, au nord et au midi.

Avant la révolution on conservait dans cette chapelle, un tableau aujourd'hui transféré dans l'église paroissiale, qui, quoique d'un mauvais style, est néanmoins curieux, sous le rapport historique. Voici ce qu'il contient : St.-Louis en habits royaux, la couronne sur la tête, tenant dans sa main gauche un sceptre, terminé par une fleur de lys, et dans sa droite un suaire, et la couronne d'épine. A sa gauche on voit la chapelle, placée sur le bord de la route, et au pied de laquelle passe le ruisseau. Plus loin quelques maisons, et des moissonneurs; dans l'éloignement, un moulin à vent sur une hauteur. A droite du saint, on remarque une charge de cavalerie : plusieurs Anglais ont déjà mordu la poussière, et sur le premier plan, se trouve un carré d'infanterie, qui marche en ordre ; il est conduit par un personnage qui porte la hallebarde sur l'épaule. Cette troupe est habillée en rouge, porte des casques, et est armée lances ; il n'y a que le premier rang qui porte des armes à feu. La cavalerie est cuirassée, comme dans le tableau de Bayeux ; et les étendards Anglais sont rouges et blancs. Au bas du tableau, on lit cette inscription :

Bis Septem sæclis jam dimidioque peractis,
Expulit hinc Anglos, Carolo septimo regnante, Joannes
Borbonius princeps victorque perenne trophæum
Hoc proceri sancto consecravit Lodoico. D. D. Cap.
Roger et Roulin, an. 1754.

On voit, par cette inscription, que ce furent les chapelains Roger et Roulin qui le donnèrent à la chapelle, en l'année 1754 ; mais tout porte à croire qu'ils ne firent que faire copier un tableau qui existait déjà, et qui, sans doute, était très-détérioré. Dans une chronologie manuscrite des évêques de Bayeux, composée vers 1689, par M. Petite, official de cette ville, et ayant appartenu à M. de Nesmond, on remarque le passage suivant, à l'occasion de la fondation de la chapelle de Formigny : « St.-Louis est dépeint dans « le tableau de ladite chapelle, et à ses pieds, on « y voit la défaite entière des Anglois. »

Ce passage prouve d'une manière évidente qu'il existait un tableau avant l'année 1754, et il est très-probable que le fondateur lui-même y en avait placé un, qui aura dû être remplacé ensuite par celui que nous voyons.

Nous aurions désiré pouvoir donner une liste exacte de tous les chapelains qui ont été pourvus de ce bénéfice, depuis le moment de la fondation ; mais il ne nous a pas été possible de remonter au-delà de l'année 1571. Le premier acte de présentation que nous possédions, porte la signature d'Annibal Milano, gouverneur et procureur pour le duc de Ferrare, jouissant par engagement de la vicomté de Bayeux. Le tableau suivant fera connaître les noms de ceux que nous avons pu retrouver.

CHAPELAINS DE LA CHAPELLE St.-LOUIS.

NOMS ET PRÉNOMS.	QUALITÉS.	DATE de la NOMINATION.	DATE de la mort ou de la RÉSIGNATION.
Thomas LE BOURGEOIS.	»	»	Résigné en Novembre 1571.
Vincent DUVAL.	Curé de Criqueville.	1571.	»
Robert JOURDAIN.	»	»	Résigne en 1593.
Pierre BONPETIT.	Clerc.	24 Mai 1593.	»
Robert JOURDAIN (1).	»	»	Résigne en 1599.
Roger BONPETIT.	Clerc.	17 Octob. 1599.	Meurt en 1608.
Paul DE LA NAUZE.	Prêtre du diocèse d'Albi.	22 Mars 1608.	»
Pierre OLIVIER.	»	»	Meurt en 1635.
Jehan LE ROY.	Clerc du diocèse de Paris, chantre ordinaire de la chapelle de musique du Roi.	30 Janv. 1635.	»
François FUMÉE.	»	»	Résigne en 1642.
Jacques DE LA COUR.	Clerc.	12 Avril 1642.	Meurt en 1681.
Antoine SABATIER.	»	»	Résigne en 1672.
Claude-Maurice DESVIEUX.	Clerc du diocèse de Paris.	11 Nov. 1672.	»
Anthoine SABATHIER (2).	Sous-Diacre du diocèse de Tholose.	2 Août 1677.	»
Jacques POIGNANT.	»	»	Résigne en 1678.
Jacques MORAN.	Clec tonsuré du diocèse de Séez.	8 Avril 1678.	»
Jean-François LEPETIT.	Prêtre du diocèse de Coutances, licencié en droit de la faculté de Paris.	12 Avril 1681.	Meurt en 1684.
Richard LABBEY.	Prêtre du diocèse de Coutances.	29 Avril 1684.	»
DU MOUTIER.	»	»	Meurt en 1745.
Gervais ROBIN.	Clerc tonsuré du diocèse de Paris.	23 Mai 1745.	Fait profession dans l'ordre des prémontrés en 1754.
François ROULLIN (3).	Prêtre du diocèse de Périgueux, licencié en droit canon de la faculté de Paris, prieur commandataire de *Sarton*.	15 Juin 1754.	Meurt en 1758.
ROGER.	»	Existait en 1754.	»
Adrien-Louis-Marie-Jos. MAILHETARD (4).	Clerc tonsuré du diocèse de Cambray.	11 Mai 1758.	»
Ambroise-Antoine DE MESSAC.	»	»	Meurt en 1789.
Jean-Henry CHANTEPIE (5).	Clerc tonsuré du diocèse de Meaux.	1er Octob. 1789.	»

(1) Il avait, sans doute, été renommé depuis sa première résignation.

(2) Il est présumable que celui-ci est le même que celui qui avait résigné en 1672, quoique l'orthographe des noms soit différente.

(3) Présentation de Louis-Joseph de Bourbon, prince de Condé.

(4) Présentation de Louis-Joseph de Bourbon, prince de Condé, scellée de son grand sceau, sur lequel il est représenté à cheval, armé de toutes pièces, l'épée nue à la main et franchissant sur des dépouilles.

(5) Présentation de Louis-Joseph de Bourbon, prince de Condé, colonel-général de l'infanterie Française et étrangère, donnée à Turin.

On ne peut pas fouiller la terre, dans les environs de cette chapelle, sans rencontrer quelque débris qui se rapporte à l'événement qui nous occupe.

Vers 1797, en ouvrant une ancienne carrière, on découvrit une multitude d'ossemens, de chevelures bien conservées, des dents dont l'émail n'avait nullement souffert.

Postérieurement, un individu a trouvé un casque, des fers de lances, et des fragmens de cuirasse lamée.

Il y a environ douze ans, qu'une autre personne, en faisant creuser les fondemens d'une maison, découvrit un squelette encore couvert de son jaque de mailles. Ce jaque ou cotte de mailles fut recueilli, et nous le possédons maintenant; il est composé de petits anneaux de fer non soudés, mais dont les extrémités ont été battues et fixées au moyen d'un petit clou; on conçoit combien il fallait de temps pour faire un pareil travail. L'ouverture du cou et le bas étaient terminés par des chaînons de cuivre. La contexture en est tellement serrée qu'une épée moderne ne pourrait pas la traverser.

En 1813, M. Potier, médecin à Formigny, trouva une vieille épée, en faisant creuser un fossé sur un terrain voisin du champ de bataille. Cette épée est fort longue ; la lame est large, épaisse, tranchante des deux côtés, et depuis environ le milieu en serpentant (1). Cette arme est assez bien conservée, quoique la garde ait beaucoup souffert : elle paraît avoir été richement ornée, et conserve même encore quelques traces de dorure. En 1816, M. Potier fit présent de cette épée à M. le duc d'Aumont, lors de son passage à Formigny : il parut sensible à cet hommage, et promit de s'en servir pour la réception des chevaliers de St.-Louis.

Il ne nous reste plus actuellement qu'à examiner un ancien tableau qui existe encore dans la ville de Bayeux.

(1) Nous avons vu depuis une pareille épée dans la riche collection d'armes antiques que possède M. Vernet, ancien chirurgien en chef des armées. Il est cependant présumable que l'usage n'en a pas été très-répandu ; car Daniel, dans son *traité de la Milice Française*, ne l'a point donnée, parce que, sans doute, elle lui étoit inconnue.

TROISIÈME PARTIE.

TABLEAU.

On conserve, depuis un temps immémorial, dans l'ancien palais épiscopal de Bayeux, un tableau ancien, connu sous le nom de *tableau de la bataille de Formigny*, originairement placé dans la grande salle dite des *évêques*, parce que leurs portraits y étaient placés; ensuite transporté, pendant la révolution, dans la galerie qui précédait la chapelle, il y est demeuré jusqu'en l'année 1819, époque où il fut restauré et placé dans la salle dite des *vertus*, faisant maintenant partie des bâtimens de la sous-préfecture (1).

Ce tableau, peint sur toile, haut de dix pieds deux pouces, et large de onze pieds huit pouces,

---

(1) Nous avons profité du moment de cette restauration pour faire, en couleurs, une copie réduite de ce tableau, qui présente tant d'intérêt pour l'histoire de la Normandie.

présente à la vue une vaste plaine, qui se trouve terminée à l'horison par un monticule à gauche, et par la mer à droite ; trois ou quatre maisons isolées occupent le troisième plan, et le reste est rempli par des troupes. Le peintre a eu l'attention de marquer par des lettres alphabétiques les lieux et les différentes scènes qui sont en action ; mais l'explication, qui a dû en être faite, n'existe plus aujourd'hui ; seulement on remarque dans le bas du tableau, du côté gauche, un espace blanc qui paraît avoir été ménagé à cet effet, quoique cependant il n'eût pu contenir les renvois, en ne les supposant même que d'une ligne chacun.

L'emplacement choisi par l'artiste paraît être le lieu désigné sous le nom de *Vigné de Formigny*, et l'on ne peut méconnaître que des engagemens de troupes n'aient eu lieu dans cette partie de la commune, puisque l'on y remarque des forts ou retranchemens en terre, qui sont encore très-sensibles. A une demi lieue de là, à côté de l'église de Surrain, il en existe un autre nommé *Lahaulle*, dont les fossés sont encore élevés de plus de quinze pieds (1). L'on ne doit donc pas être étonné de

(1) Ce dernier était d'une forme carrée, et pouvait contenir deux cents hommes au plus. Il existe encore dans cette commune un lieu nommé *le Clos Tranchefert*, qui probablement aura tiré ce nom de quelque scène sanglante qui a eu lieu sur cet emplacement.

voir, dans le tableau, des retranchemens carrés et une redoute dans l'éloignement, où l'on aperçoit des étendards rouges et jaunes ; ceci est d'ailleurs conforme au texte de Monstrelet, qui dit que les Anglais firent *grand troux et fossez en terre*. Ce passage de Monstrelet, et l'inspection des lieux, détruisent toute espèce d'incertitude à cet égard. La maison cotée B est bien évidemment la ferme du carré, située sur Colleville, et plus loin le village même de Colleville, qui est désigné par la lettre N.

Il est très-probable que les lettres initiales que l'on voit sur ce tableau, marquent les noms des troupes, levées et commandées par les différens comtes et barons. En partant de ce principe, on peut essayer d'expliquer quelques unes de ces lettres.

La lettre V, placée au-dessus d'un cavalier couvert d'une riche cuirasse ouvragée, avec des éperons d'or, paraît désigner Jean de Bourbon, et cette même lettre répétée au-dessus de quatre cavaliers du premier plan, et de deux escadrons du second, semble indiquer les troupes qui marchaient sous sa bannière.

Quant au connétable de Richemont, il est probable qu'il est désigné par la lettre R ; il monte un cheval noir ; sa cuirasse est aussi couverte de quelques ornemens; il porte les éperons d'or, et suit immédiatement le comte de Clermont.

La reprise de l'artillerie, d'abord enlevée aux Français, est bien évidemment représentée dans une scène du quatrième plan, où l'on remarque beaucoup de désordre, de la fumée, des étendards, des tambours, des individus morts. Cette partie est marquée des lettres I et Q.

La plus belle scène de ce tableau est un engagement (marqué S) entre la cavalerie Française et Anglaise : le groupe est vraiment beau ; on y remarque de la chaleur et de l'action ; c'est assurément la partie la plus intéressante. Sur le devant, du côté des Anglais, un chevalier, au panache et à l'écharpe jaunes, tire un coup de pistolet sur un chevalier Français, qui monte un superbe coursier, et est prêt à frapper son adversaire d'un coup d'épée. Au milieu des combattans, plusieurs cavaliers sont culbutés avec leurs chevaux : le carnage, le désordre et la mort règnent ici; c'est en vain que les guerriers s'étaient couverts d'une pesante armure, pour se mettre à l'abri du fer meurtrier, c'est-là qu'il faut enfin céder au terrible Dieu des armes. Le champ est couvert de sang et de débris : des cornettes coupées d'or et de gueules, des épées brisées, des cavaliers à l'aigrette et à l'écharpe jaunes, foulés aux pieds des chevaux, attestent la défaite de nos ennemis.

Tandis que sur le premier plan la cavalerie Anglaise est détruite, sur le second l'infanterie (marquée T) n'est pas plus heureuse contre les cavaliers du comte de Clermont, qui chargent au galop un corps de fantassins Anglais, dont le premier et le second rang s'efforcent de soutenir le choc, quoique déjà les derniers se débandent et commencent à prendre la fuite. Cette infanterie porte des drapeaux fascés de noir et de jaune.

Un carré d'infanterie Anglaise (également marquée T), disposé pour protéger la retraite, occupe un emplacement, assez près d'une maison environnée d'un massif d'arbres.

A très-peu de distance, un corps de cavalerie Anglaise s'avance au galop, dans la même intention.

Du côté opposé, cinq bataillons d'infanterie Française (marqués X) s'avancent au pas : ils sont conduits chacun par un chevalier à pied, portant la lance, les éperons, le casque et le corselet de fer.

Il ne reste plus actuellement qu'un groupe à décrire (pareillement marqué X). Sur le premier plan, du côté droit du spectateur, on voit deux tambours, un fifre, quelques soldats avec des armes à feu, et un militaire habillé de rouge, portant un étendard blanc, chargé d'un écu d'azur à trois fleurs de lys d'or, surmonté d'une simple couronne de prince. Cet étendard est cantonné de quatre L, ce qui ferait croire que l'on ne peut le regarder comme le drapeau Royal, puisque le nom du souverain qui régnait alors ne commençait pas par cette lettre ; mais cette légère difficulté disparaît, en admettant que la branche de la maison de Bourbon, dont le comte de Clermont faisait partie, avait mis sa bannière et ses troupes sous la protection de St.-Louis, dont elle tirait son origine; circonstance d'autant plus probable, que la fondation de la chapelle se fit sous l'invocation de ce saint.

Voilà les observations que le tableau nous a suggérées: aucuns renseignemens n'existent dans le pays sur son auteur ; on n'y voit aucun chiffre, aucun emblême, rien en un mot de ce qui pourrait éclairer sur l'artiste. Le costume militaire des guerriers est celui qui était en usage sur la fin du règne de Henri IV, et le commencement de celui de Louis XIII. Mais tout porte à croire que c'est aux évêques de Bayeux qu'on en est redevable. Bernardin de St.-François (1) aimait la peinture ;

(1) Bernardin de St.-François fut nommé par Charles IX à

il fit construire et décorer avec somptuosité la chapelle de son palais, où l'on voit encore ses armes, qui sont d'azur, à un sautoir d'argent, à la bordure de gueules. Le beau style de la renaissance des arts y brille de tout son éclat : un riche plafond orné de dorure et de peinture où l'on remarque St.-François son patron, des anges et des chérubins très-gracieux, une conversion de St.-Paul d'un beau caractère, quoique les formes en soient un peu lourdes, sont les restes de cette magnificence épiscopale.

Lorsqu'en 1819, on fit des travaux d'appropriation à la salle actuelle du tribunal, qui était anciennement une galerie de tableaux, on put remarquer que cette salle avait été autrefois peinte à fresque : le lambris enlevé laissa apercevoir plusieurs parties encore intactes, un chanoine avec des moustaches, et un bonnet semblable à la toque des avocats, un valet tenant un chien par le collier, et portant une espèce de couteau de chasse, un cavalier cuirassé etc. Il est très-probable que ce fut de cette manière que la peinture de la bataille de Formigny fut d'abord

---

l'Évêché de Bayeux en 1573, et mourut au prieuré de Grammont, dans le diocèse du Mans, le 14 juillet 1582.

exécutée ; ensuite l'empire de la mode apportant des changemens dans la décoration des ameublemens, on fit faire une copie sur toile, qui est celle que nous voyons actuellement.

Puissions-nous avoir signalé à l'attention de nos concitoyens quelques faits curieux et peu connus. Nous nous estimerions heureux d'avoir pu atteindre ce but.

Fautes essentielles à corriger.

Page 10 le n.º de la dernière note côté 5 au lieu de 4.

Page 12 un e a ajouter au mot rejoindre au bas de la page.

Page 19 4.º ligne, Aubercon au lieu d'Aubercon ;

Page 22 3.º ligne Vallaret au lieu de Villaret.

Page 28 2.º ligne pensé au lieu de pentée ;

Page 32 avant dernière ligne et est armée lances, ajoutez de autre armée et lance ;

Page 33 dans le tableau ligne 1.re résignée au lieu de résigne ; 1.º colonnes des qualités article Jacques Moran, a ajouter un R au mot Clerc.

www.ingramcontent.com/pod-product-compliance
Lightning Source LLC
Chambersburg PA
CBHW060939050426
42453CB00009B/1083